Galerie ...
18, Rue Saint...

Exposition

d'Oeuvres

de

Richard Ranft

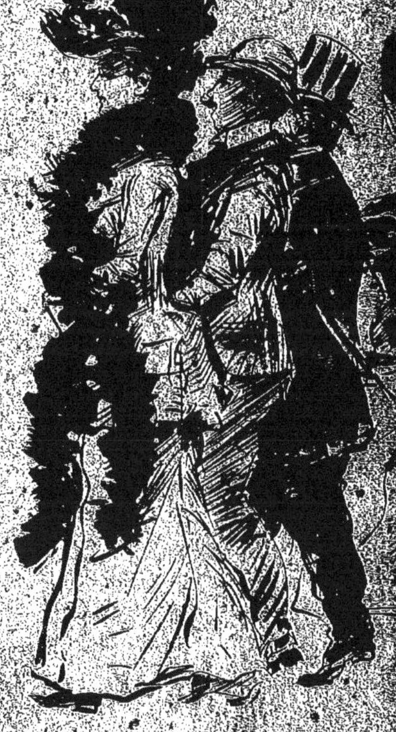

...n franc

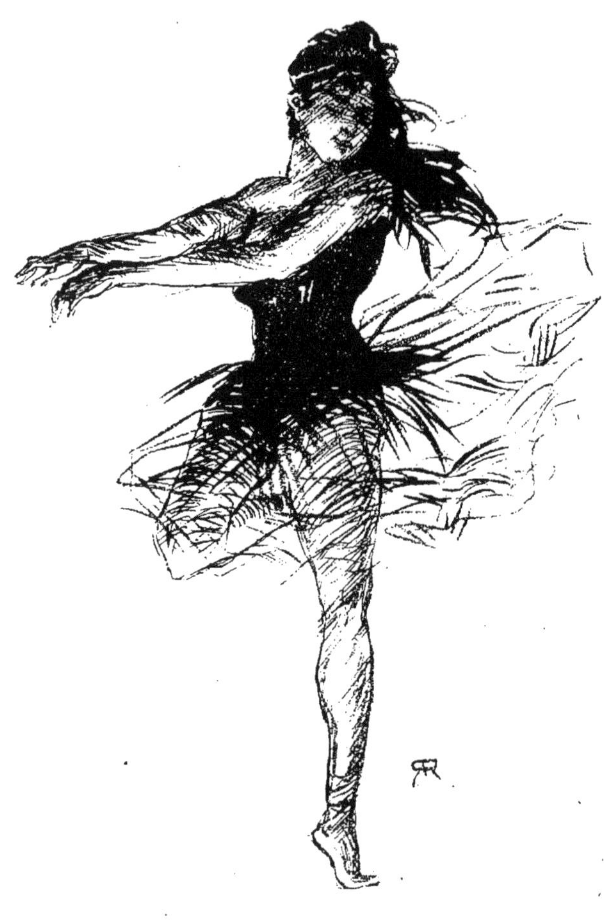

EXPOSITION

d'Œuvres

de

Richard Ranft

Préface de E. Roger Milès

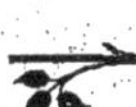

GALERIE BODINIER

18, Rue Saint-Lazare, 18

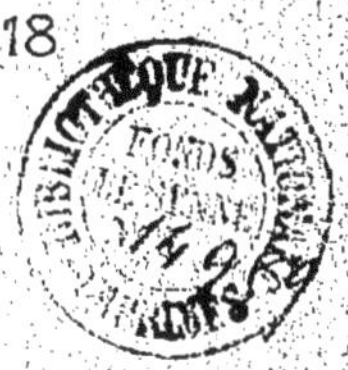

Du Mardi 5 au Lundi 25 Janvier 1892

PARIS. — IMPRIMERIE DE L'ART

E. MÉNARD ET Cⁱᵉ, RUE DE LA VICTOIRE, 41

PRÉFACE

On raconte que Corot, lorsqu'il allait à l'Opéra, — et cela était fréquent, — n'oubliait jamais de placer une feuille de papier blanc dans le fond de son chapeau : et sur cette feuille, tandis que chanteurs et instrumentistes se répandaient en flots d'harmonie, Corot, qui était un mélomane passionné, comme il était le plus admirable des peintres, Corot notait — presque au vol — des mouvements, des attitudes, des effets de lumière : quelques traits à peine, et cependant tout s'y trouvait : l'indication était précise, nette, marquant avec une étrange spontanéité l'impression vue par tous, mais une impression que Corot seul avait assez de génie pour sentir si parfaitement.

Ce souvenir me revenait l'autre jour en l'esprit, tandis que je regardais les peintures et les pastels, exposés aujourd'hui, par M. Richard Ranft, que j'ai la bonne fortune de présenter au public.

Richard Ranft? Un nom encore inconnu de la masse, mais que l'exposition qui s'ouvre va répandre plus sûrement que ne le pourrait faire l'enthousiasme dont les délicats ont salué, depuis quelques années déjà, le talent si souple, si varié et si solide du jeune artiste.

Richard Ranft a réuni ici son travail de deux ans à peu près; des études de nature et des études de figure, qui, avec une apparente disparité de sensation, procèdent néanmoins d'une même vision d'art, d'une même genèse d'inspiration.

Richard Ranft aime la musique comme l'aimait Corot, et il a pour la nature le culte fervent du même maître: de là ces coins de ballets, où, dans le flou des lumières et des mousselines, il fait sourire les premières danseuses et leur cortège de coryphées : de là encore ces aspects de nature où l'heure se lit au ciel, dans une extraordinaire fidélité de rendu.

Paysagiste, Richard Ranft l'est dans la plus complète acception de ce mot. Partout où il est allé planter son chevalet, dans la banlieue si pittoresque de Paris ou dans les plaines de la grasse

Normandie, comme disent les guides de
Constant de Tours; sur les plages de la
Manche ou les coteaux de la Bourgogne,
il a éprouvé cette indéfinissable émotion
du site, et il l'a su rendre, sans tâtonne-
ment, avec une audace de sincérité bien
rare, et une indéniable harmonie de
palette.

L'aube naissante encore toute embru-
mée, promenant, sur la verdure humide,
la roseur vague qui sèche la rosée; le
matin qui s'ensoleille, pour mieux se-
couer l'engourdissement des nuits; le
plein midi, vers lequel les moissons,
actives à jaunir, tendent leur chevelure
d'or; le crépuscule qui met, sur l'horizon dentelé des collines, l'encadrement
d'un soleil de pourpre; le soir où dans
la pénombre transparente s'essayent les
clignements des étoiles; les ciels tout
irisés, et les ciels où s'apprête, mons-

treux et farouche, l'orage aux brutalités sombres; les nuages qui semblent des voiles d'épousées, et les nuages qui pleurent des deuils, dans l'infini froid et silencieux, toute cette éternelle féerie des heures et des jours, des mois et des saisons, Richard Ranft l'a notée dans son œuvre déjà considérable, avec sa jeunesse enthousiaste, son talent qui voit aussi par le cœur, et sa virtuosité de main, qui a su profiter des efforts des aînés, pour aller à son tour de l'avant, dans la voie d'une esthétique nouvelle.

Il ne convient pas, à la très agréable tâche qui m'incombe ici, de prendre un à un les paysages, ou seulement d'en analyser quelques-uns. Dans le premier cas, je dépasserais les bornes accordées à cette présentation; dans le second, je serais forcément injuste pour les oubliés; mais je puis attirer l'attention, du moins, sur les notes les plus saillantes, comme le drame qui se joue dans l'âme de ce paysan, qui voudrait avoir moissonné tout son champ avant la grêle menaçante, et qui désespère d'y parvenir; comme encore ces hameaux aux tuiles rouges, blottis dans le creux d'un vallon, et apparaissant dans un effet panoramique comme des coquelicots sanglants épanouis au milieu des bruyères.

Si Richard Ranft devine, dans les sites, l'heureuse harmonie des teintes et la poésie d'attendrissante sérénité qui s'en dégage, il met, dans la figure, une joliesse qui n'exclut pas la vérité, et, pour me servir d'un mot plus gros, le réalisme.

Contrairement à des artistes, très justement illustres d'ailleurs, qui ne nous montrent dans les ébats chorégraphiques que des ballerines disgracieuses et laides, toutes indiquées suivant une formule,

qui ne devrait pas être cependant la rè-
gle générale, Richard Ranft voit dans
l'étoile ou les comparses, de jolis mi-
nois, épanouis pour le plaisir des yeux.
Dans l'artifice du costume et du décor,
sous le capricieux éclat des rampes,
les danseuses lui apparaissent avec toutes
les séductions humaines, et tout le charme
qu'est susceptible de revêtir cette chose
insaisissable, et vraiment divine : le rêve.

Et c'est ce rêve, à la fois divin et
humain, qui lui a dicté ces trois pages
maîtresses : l'Étoile, l'Aube et les Ce-
rises.

Mais je m'aperçois que je cite des
titres, contrairement au serment que je
m'étais juré de n'en rien faire. C'est au
public d'ailleurs qu'il appartient de dire
si je me suis trompé : toutes ces œuvres,
qui sont des œuvres d'un art loyal et
consciencieux, sont exposées.

Je dois m'en réjouir, puisque c'est pour l'artiste le moyen de savoir en quelle estime le tiennent ses contemporains. Je pourrais donc exprimer un désir de bonne chance pour chacune d'elles. Mais, à mon sens, le succès en doit être assuré dès maintenant.

Richard Ranft est de ces tempéraments doués, qu'une culture intellectuelle sérieuse a préparés pour l'avenir. Travaillant sans relâche, n'écoutant que sa conscience, très respectueux de son art et très passionné pour lui, il s'est tenu à l'écart de toutes ces coteries qui font les succès éphémères et les réputations maladives. Le voilà qui arrive, fortement armé pour la lutte, plein de ce courage que seuls possèdent les vrais travailleurs et les vrais artistes ; sa première moisson est féconde : sa place est désormais marquée, et ce m'est une très douce joie d'avoir pu, au seuil de sa carrière, lui souhaiter la bien-venue.

L. ROGER MILÈS.

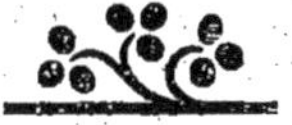

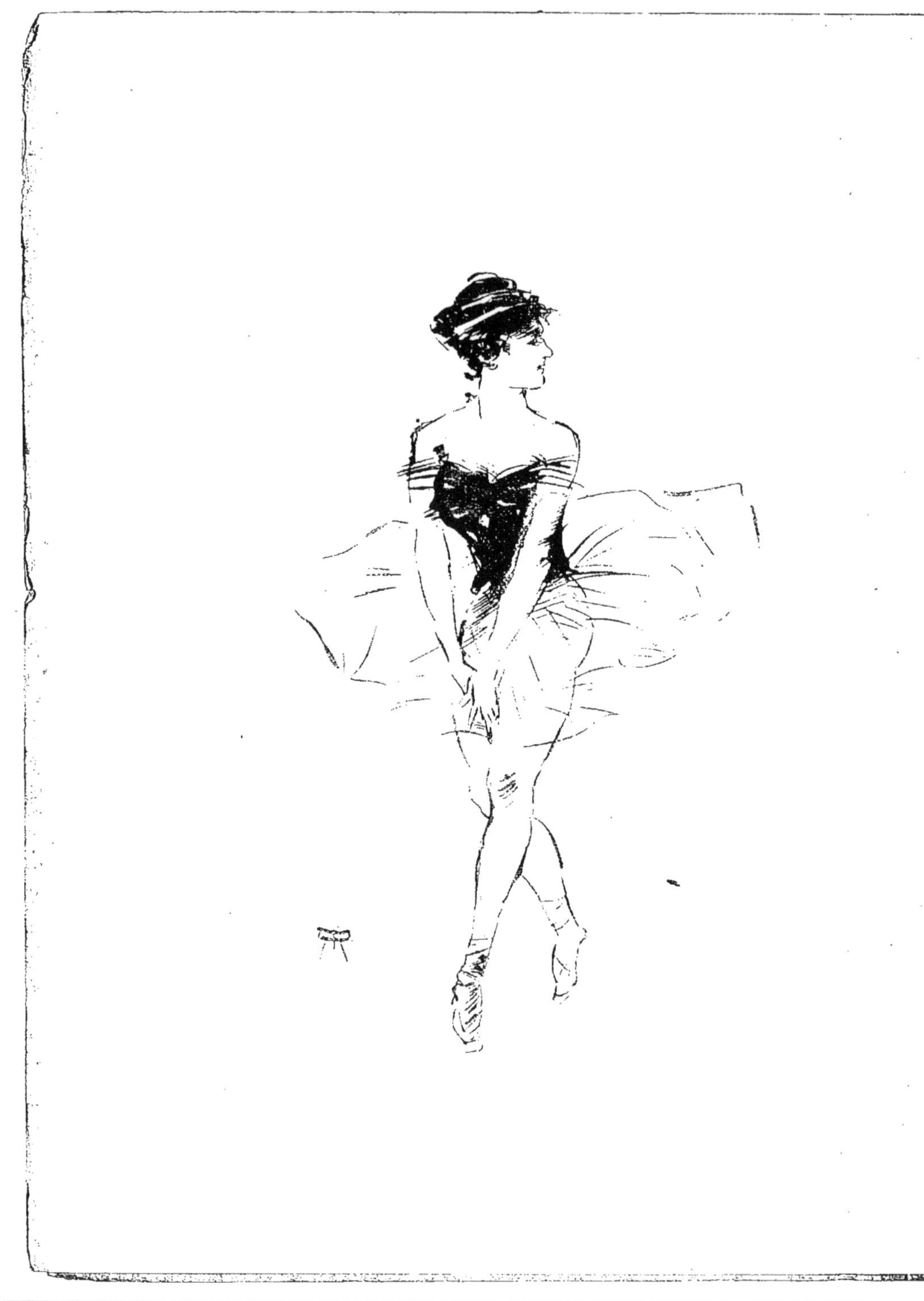

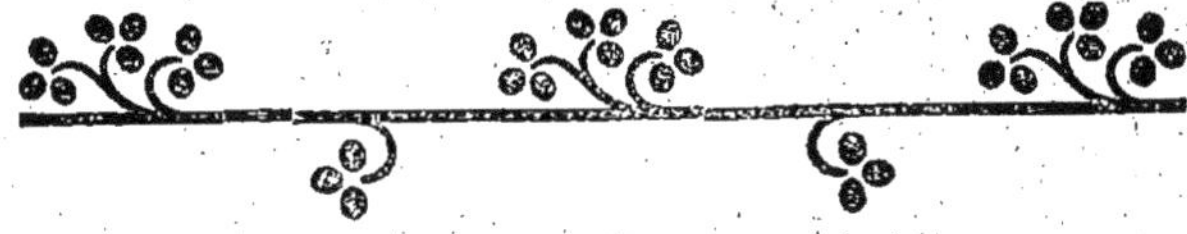

Tableaux

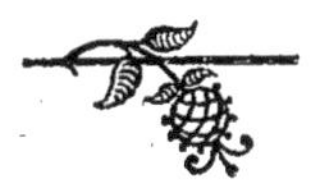

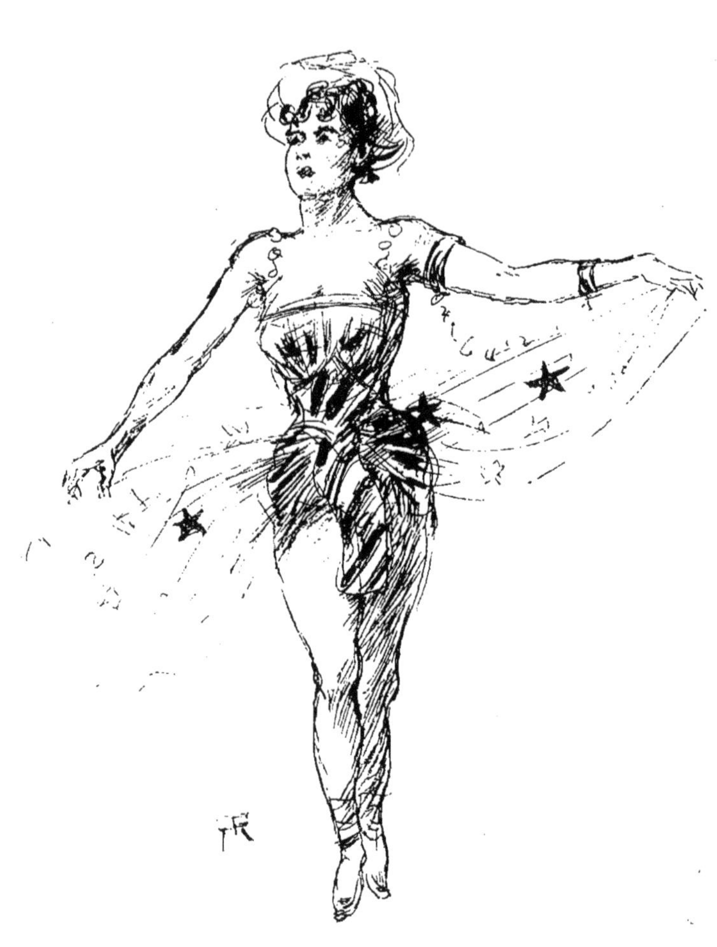

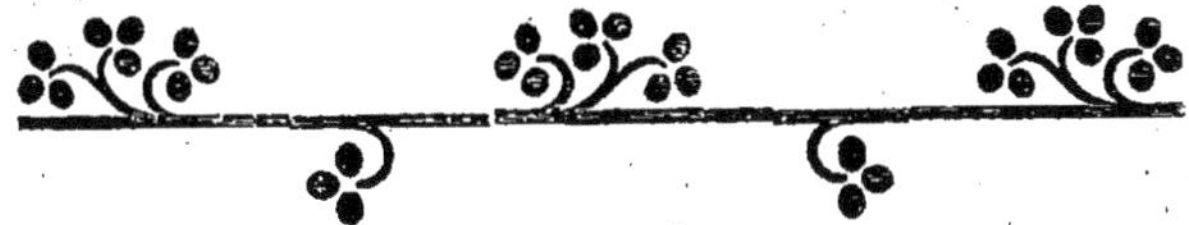

Pastels

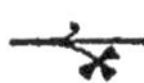

62 — *Petite Ferme.*

Maison rouge.

Sur le plateau.

63 — *Les Granges.*

Le Bloc d'or.

Depuis ma fenêtre.

64 — *L'Horizon rougeoie.*

Temps gris.

Le Coteau en novembre.

65 — *Clair de lune.*

66 — *En décor.*

67 — *Avant la pluie*.

68 — *Repos*.

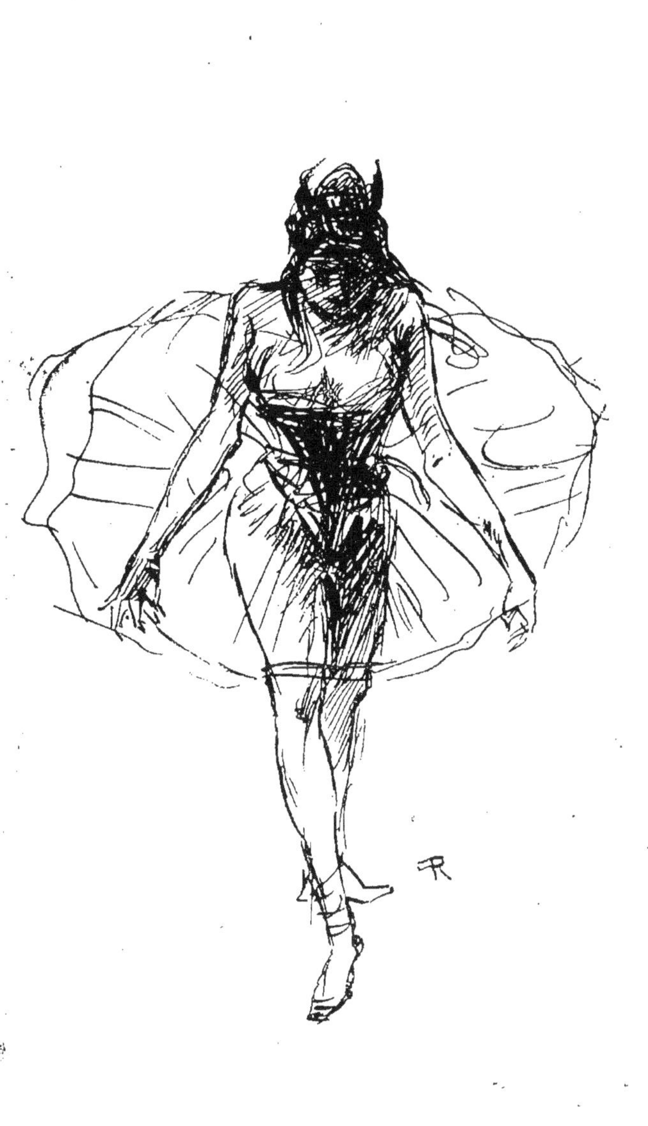

www.ingramcontent.com/pod-product-compliance
Ingram Content Group UK Ltd.
Pitfield, Milton Keynes, MK11 3LW, UK
UKHW020124080726
13614UKWH00005B/2014